Ju-Jutsu
Straßenkampftechniken

Realistische Technikkombinationen für die Selbstverteidigung

von

Diplom-Sozialökonom
Stefan Wahle
6. DAN Ju-Jutsu
Lehrer für Ju-Jutsu
lizenzierter Fitnesstrainer

akkreditiert bei: www.trainerregister.de

1

Impressum

©2015 copyright by Stefan Wahle, Hamburg

1. Auflage 2015

Autor: Stefan Wahle

E-Mail: info@sw-sportbuch.de

Internet: www.sw-sportbuch.de

Fan-Page von Stefan Wahle bei Facebook.com:
http://www.facebook.com/Stefan.Wahle.Autor

Verlag und Herstellung:
BoD - Books on Demand GmbH, Norderstedt

ISBN: 978-3-7386-2710-7

Offizielles Lehrbuch

des

American Ju-Jutsu Landesverband Hamburg von 1993

®

www.ju-jutsu-verband.de

www.facebook.com/American.Jujutsu

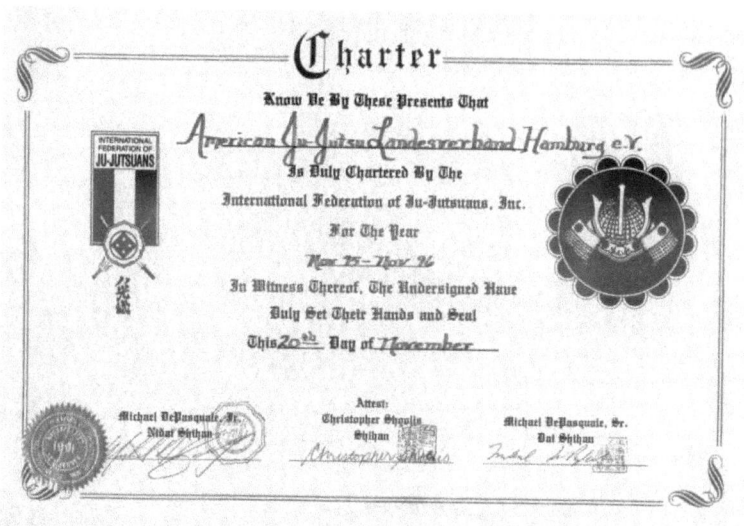

Charter

Know Ye By These Presents That

American Ju-Jutsu Landesverband Hamburg e.V.

Is Duly Chartered By The

International Federation of Ju-Jutsuans, Inc.

For The Year

Nov 95 – Nov 96

In Witness Thereof, The Undersigned Have

Duly Set Their Hands and Seal

This 20ᵗʰ Day of *November*

Attest:

Michael DePasquale, Jr.
Nidai Shihan

Christopher Shoulis
Shihan

Michael DePasquale, Sr.
Dai Shihan

環球結盟證書

Certificate Of Global Alliance

編號 Serial No.:	11199/GA/13	
日期 Date:	17-07-2013	

團體 Organization : **AMERICAN JU-JUTSU LANDESVERBAND HAMBURG VON 1993**

會長 President : **MASTER STEFAN WAHLE**

國家 Country : **GERMANY**

審核組 Audit Team

正式和世界詠春總會結盟為盟友，共同團結，促進友誼，以弘揚詠春貢獻。
Officially alliance with World Ving Chun Federation as allies with unity and promote friendships, and with the dedication of carrying on and promoting Ving Chun.

GRANDMASTER FULIN YANG
Ving Chun Advisor

梁健華
GM.DR. LEUNG JIAN HUA
Ving Chun Advisor

總秘書長簽
General Secretary

創會總會長簽
Founder & President

副總會長簽
Vice President

PROF.DR.CHAN FA DENG 陳法澄教授

PROF.DR.GM NG WEI KIONG

PROF.DR.GUNTHER BENJAMING

Inhaltsverzeichnis

5. Ausführungen zur Notwehr und Nothilfe

6. Buchempfehlungen

7. Über den Autor

1.   Vorwort

Die moderne Selbstverteidigungssportart Ju-Jutsu wurde in langjähriger Arbeit vom Deutschen Dan-Kollegium e.v. im Auftrage des Deutschen Judo-Bundes e.v. (DJB) entwickelt. Die erste Ausbildungs- und Prüfungsordnung wurde vom Deutschen Dantag 1968 beschlossen und trat am 22. April 1969 in Kraft.

Ju-Jutsu entstand ursprünglich aus einer Zusammenstellung von effektiven Techniken aus den Traditionssportarten Judo, Karate, Aikido und dem alten Jiu-Jitsu und wurde von der deutschen Polizei als Ausbildungsbestandteil übernommen.

1989/90 kam es dann aber zum Bruch innerhalb des DJB und es spalteten sich diverse Ju-Jutsu-Verbände ab, die das System unterschiedlich weiterentwickelten. Der größte und bekannteste Verband ist der Deutsche Ju-Jutsu Verband. 1993 gründete sich in Hamburg der gemeinnützige Sportverband "American Ju-Jutsu Landesverband Hamburg e.V.", in dem amerikanische Kampfkunst-/-sporteinflüsse zum Tragen kamen. Das lag unter anderem auch an der Mitgliedschaft in der in Amerika ansässigen "International Federation of Ju-Jutsuans".
Diese besonderen Ausprägungen gingen weg vom judolastigen Sport hin zum realistischen Straßenkampf ohne Schnörkel und Show-Techniken. Auch die polizeitypischen Abführtechniken sucht man dort vergebens, da diese für den normalen Bürger uninteressant sind. Man trennte sich von unnötigen

Ballast und vertrat das Moto, dem jede Selbstverteidigung folgen sollte: "Keep it simple!".

Dieses Buch beschäftigt sich mit realistischen **Technikkombinationen** für die Selbstverteidigung des Normalbürgers, der in einer Notwehrsituation seine Gesundheit oder sein Leben beschützen möchte. Dabei wird das Beherrschen der Grundtechniken vorausgesetzt.

Die gesetzlichen Vorschriften, insbesondere die Verhältnismäßigkeit sind bitte stets zu beachten.

Ich wünsche viel Spaß und Erfolg beim Üben!

Stefan Wahle, 6. Dan Ju-Jutsu

2.   Angriffe mit Kontakt

Hierunter fallen alle Angriffe, die in Form eines Festhaltens oder einer Umklammerung erfolgen. Manchmal stellen sie eine endgültige (z.B. Würgen) meistens jedoch nur eine vorbereitende Technik dar. Die vorbereitende Technik dient der Fixierung des Gegners, um weitere Folgetechniken (z.B. Schlagtechniken, Würfe) besser platzieren zu können.

2.1.   Griff ins Revers beidhändig

Schwarz greift beidhändig in die Revers von Weiß mit dem Ziel, einen Kopfschlag oder einen Knieschlag anzubringen. Dies macht umgehendes Handeln erforderlich. Weiß hebt beschwichtigend die Hände und geht mit dem rechten Fuß einen Schritt zurück, um einen sicheren Stand zu erhalten und den Genitalbereich besser schützen zu können.

Mit den erhobenen und gleichzeitig geöffneten Händen wird ein Täuschungsmanöver eingeleitet, indem diese auf die Unterarme des Angreifers geschlagen werden.

Die Verwirrung des Gegners wird ausgenutzt. Blitzschnell erfolgt ein doppelter Vertikalfauststoß in das Gesicht des Gegners.

Die Arme des Angreifers werden erfasst, um diesen nach vorn zu ziehen, während gleichzeitig ein Knee-Kick mit der Fußinnenkante zum Knie des Angreifers getreten wird. Der kommt daraufhin mit dem Oberkörper nach vorne.

Die vorgebeugte Position wird ausgenutzt, um einen Knieschlag gegen den Solar Plexus anzubringen (Auftreff-Fläche ist die Kniespitze, während der Fuß gestreckt ist und nach unten zeigt, um ein eventuelles Festhaken an der Kleidung des Angreifers zu vermeiden).

2.2.   Griff ins Revers eine Hand und Schlag

Schwarz greift Weiß mit der rechten Hand in die Revers und setzt mit der linken Faust einen Schwinger an. Weiß sichert die fassende Hand.

Der Verteidiger blockt den Schwinger mit einem Unterarmblock nach außen ab.

Der Verteidiger zieht den Angreifer nach vorne aus dem Gleichgewicht, während gleichzeitig ein Knee-Kick mit der Fußinnenkante zum Knie getreten wird.

Abschließend erfolgt ein Ellenbogenschlag vorwärts zum Kopf von Schwarz. Der Ellenbogen wird kreisförmig ins Ziel geschlagen, Auftreff-Fläche ist die Ellenbogenspitze. Ein Eindrehen des Körpers in der Hüfte verstärkt die Power der Ausführung.

2.3. Körperumklammerung von vorne über den Armen

Schwarz umklammert Weiß von vorne über den Armen.

Der Verteidiger geht einen weiten Schritt zurück, um den Schwerpunkt abzusenken und damit ein Ausheben zu vermeiden. Gleichzeitig wird die Umklammerung gelöst. Nun wird ein Fingerstich mit der so genannten „Tigerkralle" in den Genitalbereich des Gegners gestoßen.

Der Angreifer wird unter den Achseln umklammert und nach vorne in den Knieschlag gezogen.

Schwarz wird in der vorgebeugten Körperhaltung fixiert. Mit dem rechten Arm wird zu einem Ellenbogenstoß abwärts ausgeholt.

Der Ellenbogenstoß abwärts erfolgt mit der Ellenbogenspitze auf den Rücken des Gegners. Die Ausführung kann durch ein Eindrehen des Oberkörpers in der Hüfte und eine Absenkung des Körperschwerpunktes verstärkt werden. Der Verteidiger steht in der Endposition in der Aktionsstellung (im Karate gebräuchliche Stellung, schulterbreit, vorderes Bein gebeugt und mit ca. 60% des Körpergewichtes belastet, hinteres Bein durchgestreckt und mit 40% belastet, die Zehen zeigen bei beiden Füßen nach vorne).

2.4. Körperumklammerung von hinten über den Armen

Schwarz umklammert Weiß von hinten über den Armen.

Der Verteidiger zieht das linke Bein hoch, um zu einem Fußstoß abwärts anzusetzen.

Der Fußstoß abwärts erfolgt mit der Ferse auf den Spann bzw. die Zehen des Angreifers. Wird beim ersten Versuch das Ziel nicht richtig getroffen, kann eine mehrmalige Wiederholung erfolgen, bis der Umklammerungsgriff gelöst wird.

Der Verteidiger schiebt seine Hüfte nach vorne, um sie sogleich explosionsartig nach hinten schnellen zu lassen, während gleichzeitig die eigenen Arme gestreckt nach vorne geworfen werden. Dabei wird der Genitalbereich des Gegners mit dem Gesäß „touchiert" und der Umklammerungsgriff gesprengt.

Durch die Griffsprengung wurde genug Platz geschaffen, um nun einen Ellenbogenstoß rückwärts in den Magen des Gegners oder gegen seinen Solar Plexus ausführen zu können. Dies kann mehrmals erfolgen, sollte der Angreifer noch nicht ausreichend geschwächt worden sein.

Weiß macht einen Schritt mit dem rechten Fuß vorwärts und führt eine Wendung um 180 Grad in Blickrichtung zum Angreifer durch. Abschließend platziert er einen Vertikalfauststoß zum Kopf des Angreifers, der daraufhin nach hinten taumelt.

2.5. Körperumklammerung von vorne unter den Armen

Schwarz umklammert Weiß von vorne unter den Armen.

Der Verteidiger geht sofort mit dem rechten Fuß einen Schritt rückwärts, um in einen sicheren Stand zu kommen und aufgrund des tieferen Körperschwerpunktes ein Ausheben zu vermeiden. Er hebt außerdem die Hände in eigene Kopfhöhe, um für einen doppelten Handaußenkantenschlag Schwung zu holen.

Der doppelte Handaußenkantenschlag wird auf die kurze Rippe rechts und links platziert und kann bei Bedarf mehrmals wiederholt werden.

Mit der linken Hand fasst der Verteidiger in das Gesicht des Angreifers (der Daumen liegt dabei unterhalb der Nase und übt so einen Nervendruck aus, während die restlichen Finger auf der Nase bzw. über den Augen liegen) und zieht den Kopf nach hinten. Es wurde nun genug Platz geschaffen, um zu einem Fauststoß auszuholen.

Der Vertikalfauststoß wird zum Kinn des Angreifers gestoßen.

2.6. <u>Körperumklammerung von hinten unter den Armen</u>

Schwarz umklammert Weiß von hinten unter den Armen.

Weiß vollzieht einen halbkreisförmig geschlagenen Ellenbogenschlag rückwärts mit dem rechten Arm zum Kopf von Schwarz, wobei der Oberkörper mit eingedreht wird, was dem Schlag mehr Kraft verleiht.

Dann dreht sich der Verteidiger sofort zur linken Seite ein, um nun einen Ellenbogenschlag rückwärts mit dem anderen Arm zum Kopf des Angreifers zu schlagen. Konnte der Angreifer evtl. bei der ersten Ellenbogentechnik den Kopf zur linken Seite in Sicherheit bringen, wird er nun mit der blitzschnellen zweiten Ellenbogentechnik umso härter getroffen.

Der Verteidiger dreht sich weiter nach links ein (und verändert dabei auch die Fußstellung), bis er frontal vor dem Angreifer steht. Dabei umschließt er mit dem linken Arm den Hals des Partners und übt einen Genickhebel aus. Die rechte Hand sichert den linken Arm von Schwarz.

Weiß bringt unter der Beibehaltung des Genickhebels eine Serie von Knieschlägen zum Oberkörper von Schwarz an.

2.7. Würgen beidhändig von vorne

Schwarz würgt Weiß mit beiden Händen von vorne. Hierbei handelt es sich um einen lebensgefährlichen Angriff. Nicht nur die Luftzufuhr sondern auch die Blutversorgung des Gehirns werden mit diesem Griff unterbunden. Bereits nach wenigen Sekunden tritt Bewusstlosigkeit ein. Dies macht sofortiges und schnelles Handeln erforderlich.

Der Verteidiger schlägt einen rechten Vertikalfauststoß über die eigene Zentrallinie zwischen den würgenden Armen des Gegners von unten hindurch zu dessen Kinn.

Es folgt eine Serie von linken und rechten Vertikalfauststößen, die in ihrer Gesamtheit als Kettenfauststöße bezeichnet werden, da die Fauststöße so ausgeführt werden, als wenn sie an einer Fahrradkette ins Ziel gezogen werden würden. Durch diesen ununterbrochenen Kreislauf ohne Hüfteinsatz wird eine hohe Fauststoßfrequenz erreicht. Da sie ohne Hüfteinsatz erfolgen, sind sie zwar nicht so stark, überraschen den Gegner jedoch durch die große Anzahl und schnelle Abfolge.

Der Angreifer wird in die Defensive getrieben und taumelt zurück. Diese Rückwärtsbewegung wird durch den Verteidiger mit Hilfe eines Fußstoßes vorwärts (Auftreff-Fläche ist der Fußballen) verstärkt.

2.8. Würgen beidhändig von der Seite

Schwarz würgt Weiß mit beiden Händen von der Seite. Weiß erfasst sofort die vor dem Kehlkopf liegende Hand und versucht, den Griff zu lockern.

Der Verteidiger gleitet einen Schritt in den Gegner hinein, um einen Ellenbogenstoß seitwärts mit der Ellenbogenspitze auf dessen Solar Plexus zu platzieren. Dabei wird gleichzeitig die würgende Hand gelöst.

Nach dem Ellenbogenstoß seitwärts lässt Weiß die Faust sinken und schlägt einen Hammerschlag mit der Faustunterseite (Handaußenkante) in den Genitalbereich von Schwarz.

Danach löst sich der Verteidiger vom Gegner und tritt einen Fußstoß seitwärts zu dessen Knie. Bei der Ausführung wird das rechte Bein hochgezogen und geradlinig seitwärts/abwärts ins Ziel gestoßen. Das Knie des Gegners wird überstreckt und entsprechend verletzt. Dieser Umstand kann zur Flucht genutzt werden.

2.9. Würgen beidhändig von hinten

Schwarz würgt Weiß mit beiden Händen von hinten. Auch bei diesem Würgegriff besteht Lebensgefahr. Es müssen sofort Gegenmaßnahmen ergriffen werden.

Ein sofortiger Fußtritt rückwärts mit der Ferse in den Unterleib oder gegen die Knie/Schienbeine des Gegners lockert den Würgegriff.

Der Verteidiger streckt seinen linken Arm nach oben und vollführt eine rasche, kraftvolle Linksdrehung, bis er frontal vor dem Angreifer steht. Durch die Drehung mit dem erhobenen Arm wird der Würgegriff endgültig gelöst.

Mit dem zuvor erhobenen Arm werden die beiden Arme des Gegners umschlossen und fixiert. Nun kann zu einem Vertikalfauststoß ausgeholt werden.

Der Fauststoß wird zum Kinn gerichtet und kann beliebig wiederholt werden, bis die Gegenwehr des Gegners gebrochen ist.

2.10. Würgen mit dem Unterarm von hinten

Der Angreifer würgt den Verteidiger von hinten mit dem Unterarm. Weiß ergreift sofort mit der rechten Hand den würgenden Arm und lockert den Griff.

Als nächstes erfolgt ein Ellenbogenstoß rückwärts in den Magen des Gegners.

Weiß lässt die linke Faust nach unten sinken und vollführt einen Hammerschlag (mit der Faustunterseite / Handaußenkante) in den Unterleib von Schwarz.

Zum Abschluss wird ein Fußstoß seitwärts zum Knie getreten.

2.11. <u>Griff in den Ärmel von hinten/seitlich</u>

Schwarz greift Weiß von hinten/seitlich in den Ärmel. <u>Vorsicht</u>: Dies könnte die Vorbereitung für einen Faustschlag mit der rechten Hand oder einen Wurfversuch darstellen.

Der Verteidiger platziert einen Fußstoß seitwärts zum Knie des Gegners. Es wird dadurch Distanz geschaffen. Der Angreifer ist aufgrund des Schmerzes und der Entfernung nun nicht mehr in der Lage, einen Faustangriff oder Wurfversuch zu starten.

Der rechte gefasste Arm wird unter dem fassenden Arm des Gegners hindurchgeführt, bis sich die Faust in Kopfhöhe befindet. Dies ist der Ausgangspunkt für einen kraftvollen, explosiven Unterarmblock nach innen, der den Griff sprengt.

Der Verteidiger führt den blockenden Arm bis nach unten weiter, bis die Faust die Endstellung für einen Unterarmblock nach unten außen (Tiefblock) erreicht hat. Diese weite Bewegung vom ursprünglichen Unterarmblock nach innen bis zum Tiefblock ist wichtig für die endgültige Griffsprengung sowie die Vorbereitung der nun folgenden Technik.

Der rechte Arm wird nun schwungvoll angehoben (dabei ist der Ellenbogen angewinkelt) und ein Faustrückenschlag auf die Nase des Gegners ausgeführt. Hierbei handelt es sich um eine schnappende Bewegung aus dem Ellenbogengelenk. Die andere Faust deckt den Körper.

2.12. Rausschmeißergriff

Mit der einen Hand greift Schwarz in den Kragen von Weiß und mit der anderen dessen Handgelenk. Dieser Griff wird häufig von Türstehern angewendet, um unliebsame Gäste hinaus zu begleiten. Die Gefahr liegt darin, dabei mit dem Kopf gegen die Wand gestoßen zu werden, um den Widerstand zu brechen.

Der Verteidiger reagiert mit einem Fußtritt rückwärts, der mit angewinkeltem Bein in einer kreisförmigen Bewegung in den Genitalbereich des Angreifers getreten wird (Auftreff-Fläche ist die Ferse, der Fuß ist angewinkelt). Gleichzeitig wird der Oberkörper leicht vorgebeugt. Dadurch erhält der Fußtritt mehr Schwung und das Bein kann weiter nach hinten geführt werden, denn die Hüftstreckung allein beträgt bei aufrechtem Oberkörper lediglich maximal ca. 10 - 15 Grad!

Man muss sich einfach einen nach hinten ausschlagenden Esel vorstellen. Dieser Tritt kann mehrfach als Serie wiederholt werden, bis der Widerstand des Angreifers gebrochen ist.

Aufgrund des Trittes lockert Schwarz den Griff. Daraufhin löst Weiß die fassende Hand und kann dann einen Ellenbogenstoß seitwärts anbringen, wobei während der Ausführung in den Gegner mit einem Schritt hineingeglitten wird, um die Stoßkraft mit Körpereinsatz zu verstärken.

Als abschließende Technik wird ein Faustrückenschlag auf die Nase angewendet.

2.13. Schubsen einhändig/beidhändig

Die meisten Schlägereien beginnen mit einem einhändigen oder beidhändigen Schubsen. Der Angegriffene soll dadurch provoziert oder eingeschüchtert werden. Da die erste Attacke meist sehr überraschend kommt, lässt sie sich in der Regel nicht verhindern. Spätestens beim zweiten Mal kann und muss reagiert werden.
Grundsätzlich nie mit Kraft gegen den Angriff gegenhalten. Im Oberkörper locker und wendig sein und der einwirkenden Kraft eher nachgeben und ausweichen. So läuft der vorstürmende Angreifer ins Leere und wir können seine eingesetzte Kraft sogar für uns nutzen.

Der Verteidiger macht einen Ausfallschritt nach vorne links (außen am Gegner vorbei) und fegt dabei den schubsenden Arm. Der Angreifer läuft ins Leere. Im Idealfall gerät er ins Stolpern und geht zu Boden.

Weiß ergreift mit der rechten Hand den Arm von Schwarz, zieht ihn nach vorn und tritt einen Knee-Kick zu dessen Knie. Eine ähnliche Technik gibt es auch im Kung Fu und wird dort als Stampftritt bezeichnet.

Dann folgt ein Vertikalfauststoß mit der linken Faust zum Ohr.

2.14. Kniestöße/Knieschläge mit Fassen

Schwarz umfasst Weiß mit beiden Händen um den Nacken und zieht den Oberkörper nach unten, um eine Serie von Knieschlägen anzusetzen.

Der Knieschlag wird mit der gekreuzten Flügelhand abgeblockt. Die Hände sind geöffnet, die Finger jeder einzelnen Hand sind jeweils zusammen und die Arme werden kurz oberhalb der Handgelenke gekreuzt.

Die Handflächen und die gekreuzten Gelenke fangen die Schlagenergie ab. Dieses Foto wurde von schräg unten aufgenommen.

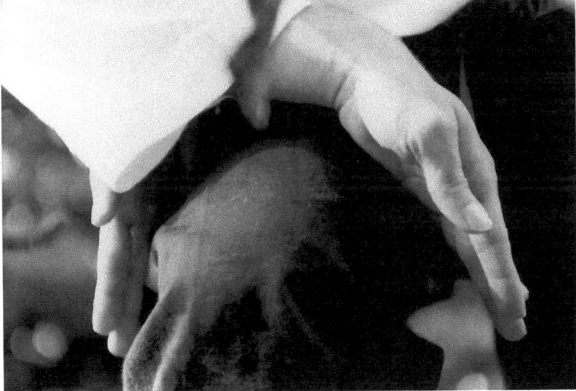

Ein Griff in den Unterleib des Gegners macht diesen handlungsunfähig. Hierunter ist ein kräftiges „Zupacken" und „Reißen" zu verstehen.

Der Verteidiger richtet sich auf und fährt mit einem linken Ellenbogenschlag vorwärts zum Kopf des Angreifers fort. Ist der Abstand für diese Technik zu groß (sie ist nur für den Nahbereich geeignet), so kann stattdessen ein Schwinger oder gar Fauststoß ausgeführt werden.

Der Ellenbogenschlag wird weit durchgezogen, da somit auch der umklammernde Griff um den Nacken endgültig gesprengt wird.

Der Körper wird wieder zurück in eine frontale Stellung gedreht. Dies geschieht in Verbindung mit einem Ellenbogenschlag rückwärts.

Dann kann bei Bedarf ein Knieschlag angesetzt werden.

2.15.   <u>Schwitzkasten von der Seite</u>

Schwarz nimmt Weiß in den Schwitzkasten von der Seite. Hier droht baldige Bewusstlosigkeit und Lebensgefahr.

Der Verteidiger macht einen kleinen Schritt mit dem rechten Fuß um das rechte Standbein des Angreifers herum und schlägt einen Vertikalfauststoß in dessen Unterleib.

Mit der rechten Hand wird der würgende Griff gelöst. Weiß richtet sich auf und greift mit der linken Hand in die Haare oder in das Gesicht von Schwarz, um dessen Kopf nach hinten zu ziehen.

Der Griff ins Gesicht erfolgt in Form eines Nervendrucks. Der Daumen ruht unter der Nase des Angreifers mit Druck auf die Scheidewand, während die restlichen Finger über der Nase/den Augen liegen. Der Gegner wird ins Hohlkreuz gezogen (Technik: Körperabbiegen).

Mit der rechten Hand wird nun die so genannte Adlerklaue zum Hals von Schwarz ausgeführt.

In dieser Nahaufnahme sieht man die Ausführung der Adlerklaue. Mit dem Daumen auf der einen und dem Zeige- sowie dem Mittelfinger auf der anderen Seite wird die Kehle/der Kehlkopf erfasst. Dann erfolgt dosiertes Zudrücken. Der Nervendruck mit dem Daumen an der Nase mit Druck auf die Nasenscheidewand wird weiterhin aufrechterhalten.

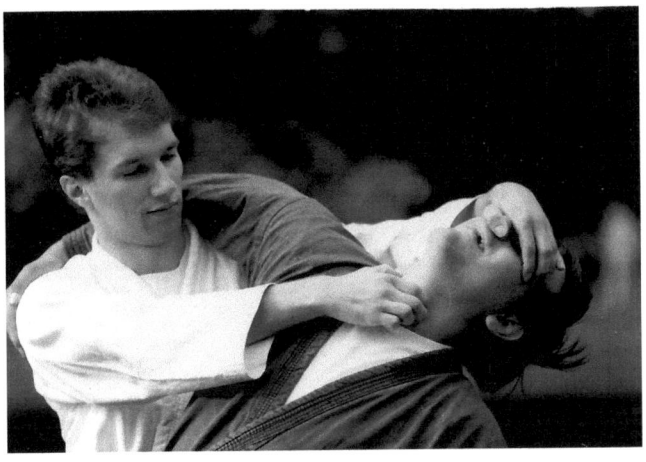

Zum Abschluss kann der Gegner nach links-hinten zu Fall gebracht werden.

2.16.　Schwitzkasten von vorne

Schwarz umfasst Weiß von vorne und übt einen Würger kombiniert mit einem Genickhebel aus.

Ein Griff mit der rechten Hand in den Unterleib (Quetschgriff) löst den Schwitzkasten von vorn. Gleichzeitig wird der Würgegriff mit der linken Hand gelockert.

Weiß führt seinen gestreckten, rechten Arm an der rechten Seite des Gegners vorbei und richtet sich auf.

Der gestreckte Arm wird in einer kreisförmigen Bewegung weitergeführt. Der Gegner ist nun in einer vorgebeugten Position und wird dort fixiert.

Weiß platziert einen Knieschlag zum Kopf von Schwarz.

Ein Faustschlag in die Nieren beendet den Angriff endgültig.

2.17.   Würgen am Boden zwischen den Beinen

Weiß liegt auf dem Rücken in Bodenlage. Schwarz kniet zwischen den Beinen von Weiß und würgt diesen mit beiden Händen. Es besteht Lebensgefahr. Dies ist ein typischer Angriff im Rahmen einer Vergewaltigung.

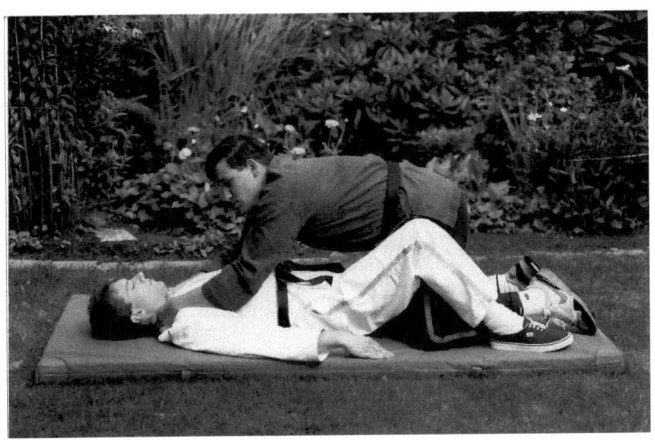

Der Verteidiger schlingt seine Füße von außen nach innen um die Unterschenkel des Angreifers. Gleichzeitig wird zu einem doppelten Handaußenkantenschlag ausgeholt.

Weiß streckt seine Beine explosionsartig unter Anspannung des gesamten Körpers und drückt dabei die Beine von Schwarz auseinander. Zeitgleich werden die Handaußenkantenschläge in die Armbeugen des Gegners geschlagen, damit die Arme einknicken.

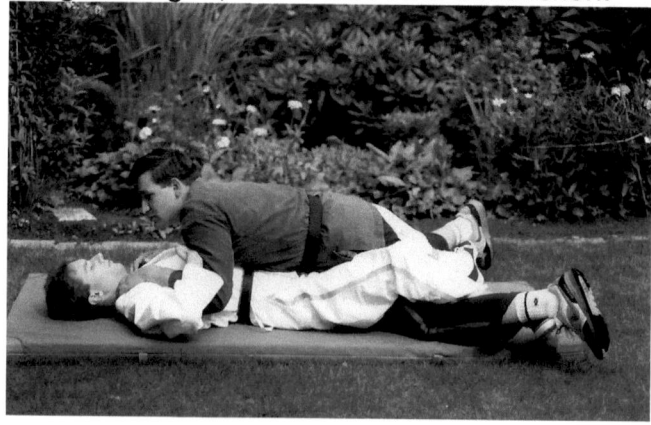

Wenn der Gegner mit dem Kopf infolge der vorgenannten Aktionen nach unten kommt, wird sein Gesicht mit einem doppelten Handballenstoß „aufgefangen". Durch die gegensätzlichen Bewegungen verstärkt sich die Wirkung der Technik.

Um den Angreifer abzuwerfen, wird ein Genickdrehhebel am Kopf angesetzt. Die rechte Hand befindet sich am Kinn (die Finger zeigen dabei nach links), die linke Hand liegt am Hinterkopf (die Finger zeigen nach rechts). Der Hals wird überstreckt, indem der Kopf ruckartig mit Kraft nach hinten gekippt wird. Dann wird der Kopf zusätzlich zur linken Seite entgegen des Uhrzeigersinns gedreht (dabei zeigen nun die Finger beider Hände nach oben). Diese Technik kann zu Lähmungen und lebensgefährlichen Verletzungen führen. Daher ist beim Üben vorsichtig zu agieren.

Schwarz wird auf dem Rücken abgelegt, während Weiß sich aufrichtet.

Der Verteidiger kniet über dem Angreifer, drückt dessen Gesicht mit der rechten Hand zur Seite und holt mit der linken Faust zum Vertikalfauststoß aus.

Der Fauststoß wird abwärts ins Gesicht gestoßen.

2.18. Würgen am Boden im Reitsitz, Verteidiger in Rückenlage

Weiß liegt am Boden in Rückenlage. Schwarz sitzt im Reitsitz auf Weiß und würgt diesen mit beiden Händen.

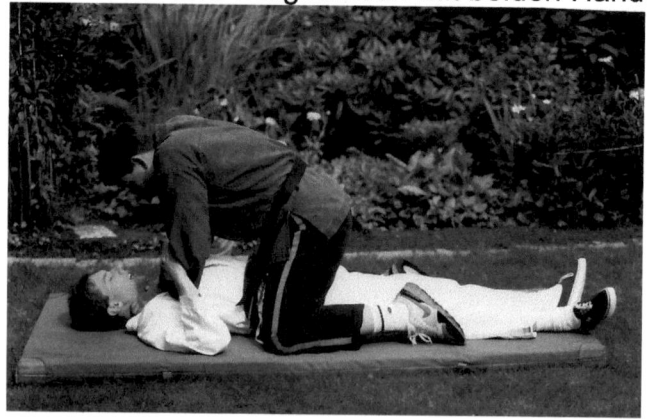

Der Verteidiger löst den Würgegriff mit der linken Hand und vollführt gleichzeitig mit der rechten Hand einen Handstich zum Kehlkopf des Angreifers. Die Finger sind bei der Ausführung eng zusammen und leicht gekrümmt, um eine optimale Spannung zu erreichen und eine Stauchung zu vermeiden.

Der Gegner wird mit der rechten Hand am Ohr oder den Haaren gepackt.

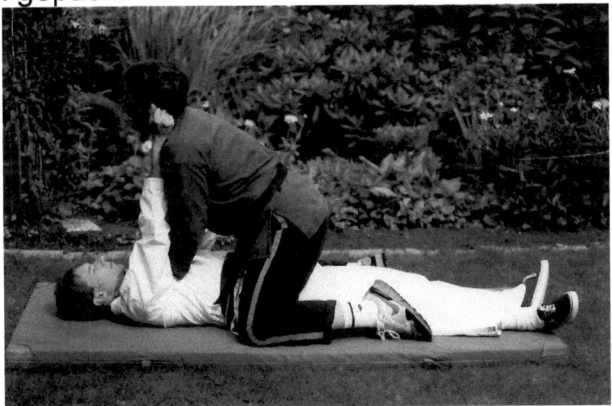

Die Nahaufnahme zeigt nochmals den Griff zum gegnerischen Ohr.

Der Gegner wird am Ohr vom Verteidiger nach rechts herunter gezogen und in Rückenlage gebracht.

Als Abschluss erfolgt ein Schwinger zum Kopf.

2.19. <u>Würgen am Boden von der Seite</u>

Weiß liegt auf dem Rücken am Boden. Schwarz kniet seitlich daneben und würgt Weiß mit beiden Händen.

Ein Fingerstich mit dem Zeige- und dem Mittelfinger in die Augen löst den Würgegriff.

Der Verteidiger schwingt die beiden Beine hoch, als wenn er in die so genannte „Kerze" gehen würde, und umklammert den Hals des Angreifers mit den Beinen (Technik: Beinhalsschere). Der Gegner wird gewürgt.

Unter Einsatz des ganzen Körpers und der Beinkraft wird der Gegner mit der Beinhalsschere zu Boden gedrückt. Der Würgegriff des Angreifers ist somit gelöst und selbiger ist unter Kontrolle gebracht.

Mit dem oberen Bein wird zu einem Fersentritt ausgeholt.

Der Fersentritt wird zum Solar Plexus des Angreifers getreten. Danach kann sich der Verteidiger gefahrlos aber unter Beachtung der Eigensicherung erheben.

2.20. Würgen am Boden im Reitsitz, Verteidiger in Bauchlage

Weiß liegt auf dem Bauch am Boden. Schwarz sitzt im Reitsitz auf dem Rücken von Weiß und würgt diesen mit beiden Händen. In dieser Lage sind die Verteidigungsmöglichkeiten aufgrund der stark eingeschränkten Bewegungsfreiheit begrenzt.

Der Verteidiger gleitet mit den Daumen an den Armen des Angreifers herab, bis er dessen kleine Finger erfassen kann. Dann kann ein schmerzhafter beidseitiger Fingerhebel durch Überstreckung durchgeführt werden.

Mit dem Fingerhebel kann der Würgegriff gelöst werden.

Der Gegner wird mit dem Fingerhebel weitergeführt, bis er sich nicht mehr auf dem Verteidiger im Reitsitz halten kann.

Der Angreifer kommt nach dem schwungvollen „Abwurf" neben dem Verteidiger auf dem Rücken zum Liegen.

Weiß steht blitzschnell auf und holt zu einem Fauststoß aus, wobei Schwarz mit der anderen Hand am Boden fixiert wird.

Der abwärtsgerichtete Vertikalfauststoß trifft die Nase.

2.21. <u>Würgen am Boden von hinten</u>

Weiß liegt am Boden auf dem Rücken. Schwarz kniet hinter dem Kopf von Weiß und würgt diesen mit beiden Händen.

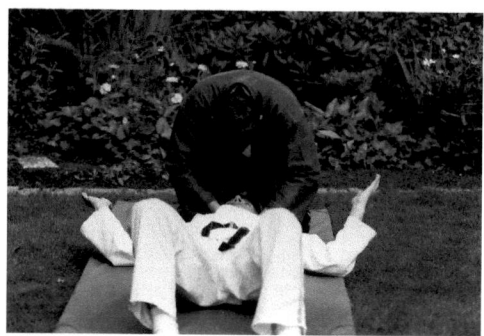

Der Verteidiger bringt einen doppelten Preßluftschlag auf die Ohren des Angreifers an. Wenn die hohle Hand auf das Ohr auftrifft, kommt es zum Platzen des Trommelfelles inklusive Störung des Gleichgewichtssinnes. Beim Üben ist also Vorsicht geboten.

Die Ohren des Gegners werden erfasst.

Der Angreifer wird durch einen Genickdrehhebel mit besonderer Fassart zur Seite gezogen, wobei der Würgegriff endgültig gelöst wird.

Schwarz wird auf dem Rücken abgelegt.

Weiß steht auf, behält jedoch aus Gründen der Eigensicherung den schmerzhaften Griff zu den Ohren bei.

Der Verteidiger platziert im Kniestand einen Vertikalfauststoß abwärts zum Kopf. Dann steht er gefahrlos auf.

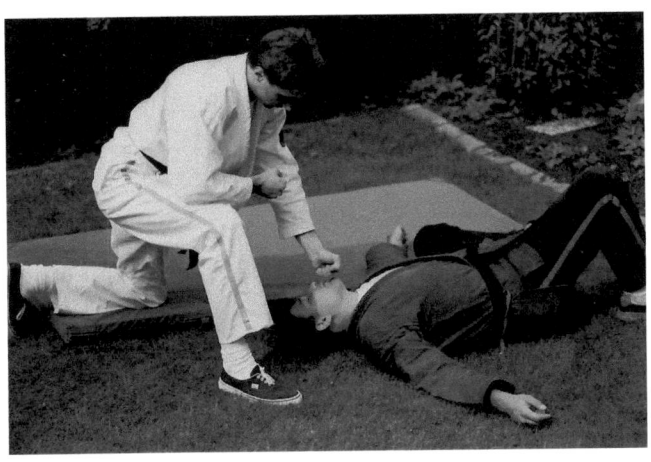

Zum Abschluss wird ein Fußstoß abwärts mit der Ferse zum Solar Plexus des Angreifers getreten.

2.22. Griff in die Haare von vorne, eine Hand

Schwarz greift Weiß von vorne mit einer Hand in die Haare, um den Kopf nach unten zu reißen und ggf. einen Knieschlag anzubringen. Daher ist schnelles Handeln erforderlich.

Mit der linken Hand wird die fassende Hand des Angreifers gesichert und auf dem Kopf fixiert. Mit der rechten Hand wird ein Handballenschlag aufwärts gegen das Ellenbogengelenk gerichtet, um ein Herunterziehen zu vermeiden. Die Überdehnung des Gelenkes ist sehr schmerzhaft. Dann das Ellenbogengelenk sichern.

Der Verteidiger tritt einen Fußtritt vorwärts mit dem Fußballen zum Knie (schnappende Bewegung aus dem Kniegelenk). Dann den linken Fuß hinten absetzen.

Es folgt ein Low-Kick mit dem hinteren Bein auf den Oberschenkel. Weiß hebt dabei das leicht im Knie gebeugte linke Bein an und schwingt dieses mit einer Hüftbewegung von außen in einer kreisförmigen Bewegung ins Ziel (die Bewegung kommt nicht aus dem Kniegelenk!). Auftreff-Fläche beim Verteidiger ist das eigene Schienbein.

Abschließend erfolgt ein Vertikalfauststoß in die Nieren.

2.23.　　Griff in die Haare von hinten, eine Hand

Schwarz greift Weiß von hinten mit einer Hand in die Haare, um ihn nach hinten ins Hohlkreuz zu ziehen.

Mit der rechten Hand wird die fassende Hand gesichert und auf dem Kopf fixiert. Gleichzeitig wird zu einem Ellenbogenstoß rückwärts ausgeholt.

Der Ellenbogenstoß rückwärts wird mit der Ellenbogenspitze auf den Solar Plexus gerichtet und mit einem Schritt rückwärts auf den Gegner zu durchgeführt. Daraufhin kann der Griff in die Haare gelöst werden.

Der Verteidiger macht eine Wendung um 180 Grad und steht nun frontal vor dem Angreifer, um einen Vertikalfauststoß mit der rechten Faust zu dessen Gesicht zu stoßen.

Es folgt ein linker Vertikalfauststoß zum Abschluss.

2.24. Handgelenkfassen eine Hand, gleichseitig / diagonal

Schwarz erfasst mit einer Hand das diagonalliegende Handgelenk von Weiß. Bei einem Griff zum gegenüberliegenden (gleichseitigen) Handgelenk ist genauso zu verfahren. Dieser Angriff dient in der Regel zur Vorbereitung eines Schlagangriffes mit der anderen Faust oder eines Wurfversuches.

Sofort wird ein Vertikalfauststoß mit der freien Hand zum Kopf platziert, wobei der Gegner an seinem fassenden Arm geradewegs in den Fauststoß hineingezogen wird.

Als nächstes wird ein Knee-Kick mit der Fußinnenkante zum Knie des vorderen Standbeines des Gegners getreten. Der Angriff ist somit erfolgreich abgewendet.

2.25. Handgelenkfassen beidhändig von vorne

Schwarz ergreift beide Handgelenke von vorne. Gefahr: Er will einen Kopfschlag, einen Knieschlag oder einen Fußtritt anbringen und fixiert uns dafür.

Weiß geht einen kleinen Schritt zurück, um die Distanz zu vergrößern. Gleichzeitig wird der Griff durch Herauswinden der Handgelenke über die Daumen des Gegners von innen nach außen (schwächster Punkt des Griffes) gelöst.

Anschließend erfolgt sofort ein Fußtritt vorwärts mit dem Fußballen in den Magen/Unterleib des Gegners.

3.   Angriffe ohne Kontakt

Unter den Begriff „Angriffe ohne Kontakt" fallen alle Stoß-, Schlag- und Tritt-Techniken sowie Griffansätze. Alle diese Angriffe sind besonders gefährlich, da sie sehr schnell erfolgen und kaum Zeit zum Reagieren lassen. Blitzschnell muss der Verteidiger erkennen, um was für einen Angriff es sich handelt und sich für eine geeignete Verteidigungstechnik entscheiden. Außerdem muss er den Zeitvorteil des Angreifers wieder aufholen, da dieser ja als erster eine Aktion gestartet hat.

3.1. Fußstoß vorwärts

Abwehr Version **a**:
Schwarz greift Weiß mit einem Fußstoß vorwärts an. Weiß hat dieses sofort bemerkt und stoppt den Fußstoß bereits im Ansatz mit einem Schienbeinblock, bevor Schwarz seinen Angriff voll entfalten kann.
Ausführung Schienbeinblock: Das vordere Bein wird gebeugt angehoben, während der Fuß nach unten gerichtet ist, um das andere Knie zu schützen (=Blockverlängerung). Dabei bewegt sich der Verteidiger auf den Angreifer zu, um den Angriff in einer Phase, in der dessen Kraft noch nicht voll entwickelt ist, abzufangen. Auftreff-Fläche des Blocks ist das Schienbein. Das blockende Bein ist leicht schräg mit dem Knie nach außen geneigt, um so den Unterleib und das Standbein abzudecken.

Nachdem das tretende Bein mit dem Block nach außen weggedrängt wurde, erfolgt nun ein rechter Vertikalfauststoß zum Kopf.

Ein weiterer Fauststoß mit der linken Faust beendet die Kombination.

Abwehr Version **b**:

Schwarz greift Weiß mit einem Fußstoß vorwärts an. Der Verteidiger weicht mit einem Ausfallschritt nach hinten rechts aus und fegt das Bein mit der linken, vorderen Hand mit einer Bewegung nach unten außen links weg (statt der Technik „Handfegen" wäre auch ein Tiefblock nach außen möglich).

Weiß kontert mit einem Fußstoß seitwärts zum Bauch von Schwarz. Dazu hebt er das hintere, rechte Bein an, beugt es gleichzeitig, dreht seine Hüfte ein und stößt das Bein seitlich geradewegs ins Ziel. Die Fußstellung ist waagerecht, die Zehen zeigen nach links. Auftreff-Fläche kann die Fußaußenkante oder die Fußsohle im Bereich der Ferse sein. Der Fuß ist in jedem Fall in Richtung Schienbein angezogen.

Das Standbein wird so eingedreht, dass die Zehen nach hinten zeigen. Eine leichte Beugung des Knies stabilisiert den Stand.

Der linke Arm deckt den Oberkörper.

3.2. Halbkreisfußtritt vorwärts

Schwarz setzt zu einem Halbkreisfußtritt vorwärts von außen an.

Der Verteidiger macht eine Schrittdrehung 90 Grad aus dem Angriff heraus in den Innenbereich des Gegners. Gleichzeitig setzt er einen doppelten Handballenstoß gegen das angreifende Bein an und lässt sich durch die Energie des Angriffes aus der Angriffsrichtung herausdrücken (Devise: nicht „gegenhalten" sondern „ausweichen" und dabei die Energie des Angreifers ausnutzen).

Ein rechter Aufwärtshaken wird mit Hüfteinsatz von unten gegen das Kinn des Angreifers geführt. Die Eindrehung von rechts nach links in der Hüfte verstärkt die Power des Faustschlages. Die andere Faust befindet sich in eigener Kinnhöhe zur Deckung.

Ein Fußtritt wird mit dem Spann in den Unterleib getreten (kurze, schnappende Bewegung aus dem Kniegelenk).

3.3.   Low-Kick

Schwarz setzt mit viel Schwung zu einem Low-Kick von außen an. Dieser zielt auf den Oberschenkel von Weiß.

Der Verteidiger geht mit dem so genannten „Überrollbügel" in den Angriff des Gegners hinein, um diesen aufzuhalten, bevor er seine volle Kraft entwickelt hat. Der Überrollbügel besteht aus einer Kombination von Schienbeinblock und Unterarmblock nach außen, da die Tritthöhe des Angreifers nicht immer vorhersehbar ist. So können wir einen breiteren Bereich abdecken. Der untere Teil des Unterarmblocks setzt mit der Ellenbogenspitze auf dem eigenen Knie auf, während die Faust an der Kopfseite ruht (mit Kontakt). Der Oberkörper wird leicht gebeugt (klein gemacht). Der Verteidiger versteckt sich quasi hinter dem Überrollbügel. Wichtig ist das bereits erwähnte aktive Hineingehen in den Angriff mit dem ganzen Körper, um so die erforderliche Gegenkraft für den Block entwickeln zu können.

Nachdem der Low-Kick nach außen weggedrängt wurde, erfolgt ein Vertikalfauststoß gegen das Kinn.

Der Gegner wird gepackt und in einen Knieschlag hinein gezogen. Dies kann bei Bedarf mehrfach wiederholt werden.

3.4.　Fußstoß seitwärts

Schwarz setzt zu einem Fußstoß seitwärts an.

Weiß reagiert mit einem Ausfallschritt nach vorne links und einem Block gegen das tretende Bein (je nach Höhe Tiefblock nach außen oder Unterarmblock nach außen).

Der Gegner wird erfasst, damit ein Low-Kick auf dessen Oberschenkel platziert werden kann (die Ausführung wurde bereits beschrieben).

Der Verteidiger fixiert weiterhin den Arm des Angreifers und holt zu einem Ellenbogenschlag rückwärts mit dem linken Arm aus.

Weiß zieht Schwarz an dessen Arm regelrecht in den Ellenbogenschlag zum Kopf hinein.

3.5.　　Faustangriff Führhand

Schwarz und Weiß stehen sich mit erhobener Deckung in Kampfstellung gegenüber.

Schwarz führt mit der vorderen Faust (Führhand) einen Fauststoß durch. Weiß wirft seinen Oberkörper aus der Schlaglinie heraus, nimmt dann auch den hinteren Fuß in Form einer Schrittdrehung mit und fegt den schlagenden Arm mit der vorderen, linken Hand.

Technik „Handfegen": Finger sind aufgestellt und liegen eng zusammen, es findet eine fegende Bewegung mit der Handfläche gegen den Arm des Angreifers statt. Seine Schlagenergie wird nach vorne weitergeleitet und läuft nun ins Leere.

Nach dem erfolgten Fegen wird mit der gleichen Hand sofort der angreifende Arm erfasst und fixiert. Das Foto zeigt bereits den fließenden Übergang von der fegenden zur fassenden Handbewegung.

Der Gegner wird blitzschnell für einen Vertikalfauststoß zum Kopf geöffnet, indem der gefasste Arm von Schwarz nach unten gedrückt wird. Diese ganze Kombination aus Handfegen und Fauststoß kann auch angewendet werden, wenn der Gegner noch nicht mit seiner Führhand angreift, diese jedoch bei der Deckung seines Körpers sehr weit nach vorne herausstreckt. Er ist dann meist umso überraschter, wenn seine vordere Deckung mit einem Feger heruntergeschlagen wird und diese Öffnung für einen Angriff in Form eines Fauststoßes genutzt wird (Stichwort „Vorwärtsverteidigung").

3.6.   Faustangriff hintere Schlaghand

Schwarz und Weiß stehen sich ziemlich dicht mit erhobener Deckung in Kampfstellung gegenüber.

Schwarz greift mit einem Fauststoß mit der hinteren Schlaghand an. Weiß wirft auch hier seinen Oberkörper aus der Schlaglinie heraus („Körperabdrehen" mit evtl. einem leichten Ausfallschritt nach vorne links) und fegt den angreifenden Arm mit der rechten, hinteren Hand.

Der schlagende Arm wird sofort nach dem Fegen erfasst und heruntergedrückt, um einen Vertikalfauststoß zum Kopf platzieren zu können. Bei Bedarf kann eine Serie von Kettenfauststößen erfolgen („Fahrradkettenprinzip" der Kettenfauststöße wurde bereits erläutert).

3.7.   Schwinger / Ohrfeige

Schwarz holt zu einem kreisförmigen Schlag von außen zum Kopf von Weiß aus. Dabei kann es sich um eine Ohrfeige oder einen Schwinger handeln. Weiß geht frühzeitig mit einem Doppelblock in den Gegner hinein und blockt den angreifenden Arm. Bei diesem Doppelblock handelt es sich um eine Kombination von Unterarmblock nach außen mit dem linken Arm und einen Unterarmblock nach innen mit dem rechten Arm.
Der Schlag wird gestoppt, bevor er seine volle Kraft entwickelt hat.

Der schlagende Arm wird mit der linken Hand erfasst und fixiert, während mit der rechten Hand zu einem Handaußenkantenschlag von innen nach außen ausgeholt wird. Für den nötigen Schwung sorgt die Ausholbewegung, die vom linken Ohr aus gestartet wird.

Der Handaußenkantenschlag wird auf den Hals des Gegners platziert. Wird die Halsschlagader maßgeblich getroffen, kann dies Bewusstlosigkeit hervorrufen oder gar zum Tode führen. Danach umfasst die gleiche Hand den Hals des Angreifers von außen.

Schwarz wird durch Zug in eine vorgebeugte Position gebracht. Nun kann ein Knieschlag zum Oberkörper erfolgen.

3.8. Kopfstoß zum Magen /
Griffansatz zu den Beinen

Schwarz duckt sich ab und bewegt sich auf Weiß zu, um einen Kopfstoß zum Magen oder einen Griff zu den Beinen zwecks Doppelhandsichel anzusetzen.

Der Verteidiger hebt das rechte Bein zu einem Knieschlag an und trifft den Angreifer genau ins Gesicht, da dieser völlig ungeschützt angegriffen hat.

Der Oberkörper des Gegners wird durch die Wucht des Knieschlages nach hinten geworfen. Der Verteidiger begleitet dies mit einem Fußtritt mit dem Spann in den Unterleib des Angreifers. Die Fäuste sind bei dieser Aktion zur Deckung erhoben.

4. Verteidigung mit Schlüsseln / dem Kugelschreiber gegen verschiedene Angriffe

In der Selbstverteidigung sind alle Mittel erlaubt. Man kann nahezu alles als Waffe verwenden, was man so bei sich hat oder in der näheren Umgebung findet. Um den Gegner abzulenken, kann eine Mütze ins Gesicht geworfen werden. Die Handtasche, eine Zeitung, ein Buch oder der Regenschirm können zum Schlagen verwendet werden. Auch ein umher liegender Stock, ein mitgeführter Schlüssel oder Kugelschreiber können mit der richtigen Technik zur Waffe werden.

Nachfolgend möchte ich einige Verteidigungstechniken mit einem ganz normalen Haustürschlüssel oder einem Kugelschreiber demonstrieren.

4.1. Körperumklammerung von hinten unter den Armen

Schwarz umklammert Weiß von hinten unter den Armen.

Der Verteidiger sichert mit der linken Hand die linke Hand des Angreifers und löst gleichzeitig den Umklammerungsgriff, indem er die Schlüsselspitze in den Handrücken von Schwarz bohrt.

Die Nahaufnahme zeigt noch einmal das Lösen mit der Schlüsselspitze.

Der Angreifer lässt aufgrund der starken Schmerzen los. Der Verteidiger dreht sich daraufhin mit einer Linksdrehung aus dem Angreifer heraus, behält jedoch den Druck auf den Handrücken mit dem Schlüssel bei.

Der Arm wird soweit gedreht und die Hand dabei gebeugt, bis die Endposition ein „Handdrehbeugehebel" ist. Die Finger des Gegners sind dabei senkrecht aufgestellt, die Hand ist in einem Winkel von 90 Grad zum Arm angewinkelt, der Handrücken zeigt zum Verteidiger und wird weiter mit dem Schlüssel bearbeitet. Nun kann das linke Bein angehoben und zu einem Fußtritt angesetzt werden.

Der Fußtritt wird mit dem Spann zum Gesicht getreten.

4.2. Griff ins Revers beidhändig

Abwehr Version **a**: Schwarz greift Weiß mit beiden Händen ins Revers. Weiß sichert mit der linken Hand den rechten Arm von Schwarz.

Die Schlüsselspitze wird in den Hals (Kehlkopf oder Kehlkopfgrube) des Angreifers gestoßen, um den Griff zu lösen.

Die Nahaufnahme zeigt, wie sich der Schlüssel in den Hals bohrt. Der Schlüssel wird so gehalten, als wenn man eine Tür aufschließen wollte. Er wird zwischen Daumen und Zeigefinger gehalten, während sich die anderen Schlüssel in der Faust befinden.

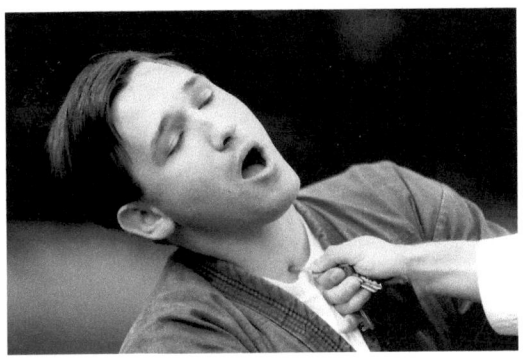

Der Verteidiger dreht sich ein und vollführt einen Fersentritt rückwärts zur Außenseite des Knies, wobei der Druck auf den Hals mit dem Schlüssel beibehalten wird.

Abschließend wird ein Knieschlag angebracht.

Abwehr Version **b**:
Zuerst wird auch hier die eine Hand gesichert, während ein Schlüsselstich zum Hals erfolgt.

Die Nahaufnahme zeigt den Schlüssel, wie er sich in den Hals bohrt. Der Angreifer löst daraufhin den Griff.

Der Verteidiger unterstützt das Grifflösen und beugt die Hand mit einem „Handbeugehebel". Die Hand des Gegners ist dabei senkrecht aufgestellt, die Finger zeigen nach oben und der Handrücken zum Verteidiger. Auf den Handrücken wird Druck mit dem Daumen in Richtung zum Gegner ausgeübt.

Nun rollt der Verteidiger mit der Schlüsselhand die Finger des Angreifers in dessen Richtung ein und zieht ihn nach vorne und gleichzeitig nach unten aus dem Gleichgewicht. Beim Einrollen wird der Druck noch dadurch verstärkt, dass die Schlüssel auf die einzurollenden Finger gelegt werden, was zudem sehr schmerzhaft ist.

Ist der Angreifer auf den Knien angekommen, wird ein Kniestoß mit Hüfteinsatz nach vorne in dessen Gesicht gestoßen.

4.3.　Griff in die Haare von hinten, eine Hand

Schwarz greift Weiß mit einer Hand von hinten in die Haare.

Der Verteidiger sichert und fixiert mit der linken Hand die fassende Hand des Angreifers. Gleichzeitig bohrt er den Schlüssel mit der anderen Hand in den Handrücken des Gegners, der daraufhin den Griff löst.

Weiß wendet sich mit einer Linksdrehung dem Angreifer zu und dreht dabei dessen Arm mit.

Mit dem Schlüssel wird Druck auf das Ellenbogengelenk bzw. den Oberarmmuskel ausgeübt (= Armstreckhebel).

Zum Abschluss wird unter Beibehaltung des Armstreckhebels ein Fußtritt angebracht.

4.4. Einhändiger Griff an die Schulter mit dem Versuch, den Angegriffenen umzudrehen

Weiß ist gerade dabei, sein Auto oder seine Haustür aufzuschließen, als er plötzlich von Schwarz von hinten an der Schulter gepackt und herumgerissen wird.

Weiß lässt sich herumreißen und nutzt den Schwung aus, um den Schlüssel, den er ja bereits in der Hand hält, ins Gesicht oder in den Hals von Schwarz zu stoßen.

Die Nahaufnahme zeigt das Auftreffen der Schlüsselspitze.

Mit dem vorderen Fuß wird ein Fersentritt rückwärts zur Knieinnenseite getreten.

4.5.   Faustangriff mit der Führhand

Weiß hat das verdächtige Verhalten von Schwarz
bemerkt, rechnet mit einem möglichen Angriff und
umfasst daher das Schlüsselbund mit der rechten Hand
so, dass nur die Schlüsselspitzen aus der
Faustunterseite herausragen.

Schwarz greift mit einem Fauststoß mit der vorderen Führhand an. Weiß blockt diesen Angriff mit den Schlüsselspitzen auf die Faust des Angreifers.

Die Nahaufnahme zeigt die Schlüsselspitzen, wie sie auf der Faust auftreffen.

Der geblockte Arm wird mit der linken Hand nach unten gefegt und blockiert.

Es folgt ein Hammerschlag mit den Schlüsselspitzen auf den Kopf des Angreifers. Dazu macht Weiß einen Gleitschritt auf Schwarz zu.

4.6. <u>Schwinger</u>

Weiß hat die Deckung oben und die Schlüssel wie zuvor in der rechten Faust. Die Schlüsselspitzen ragen an der Faustunterseite heraus. Schwarz holt zu einem Schwinger von außen aus.

Die linke Hand vollführt einen Handkantenblock auf den Unterarm, die rechte Faust blockt mit den Schlüsselspitzen auf den Oberarm. Nach der erfolgreichen Anwendung des Handkantenblockes fasst die linke Hand sofort den Schlagarm, um ihn zu fixieren.

Mit der rechten Schlüsselfaust wird zu einem Hammerschlag ausgeholt.

Die Schlüsselspitzen schlagen auf dem Kopf des Gegners ein. Dies kann bei heftigem Widerstand beliebig oft wiederholt werden.

4.7.   Rückhandschlag

Weiß hat wieder die Deckung erhoben und das Schlüsselbund in der rechten Faust. Schwarz holt zu einem Rückhandschlag aus.

Der Verteidiger macht einen kleinen Ausfallschritt nach vorne links und führt mit der linken Hand einen Handballenstoß gegen den Oberarm und mit den Schlüsselspitzen einen Block auf den Unterarm des Gegners aus.

Der Schlagarm wird nach unten weggefegt und fixiert.

Ein Hammerschlag mit den Schlüsselspitzen richtet sich gegen den Kopf oder Hals des Gegners.

4.8.   Halbkreisfußtritt vorwärts

Schwarz und Weiß stehen sich in Kampfstellung gegenüber.

Schwarz hebt das rechte Bein an und setzt zu einem Halbkreisfußtritt vorwärts an.

Der Verteidiger dreht sich mit einer Schrittdrehung 90 Grad in den Gegner hinein und lässt den Tritt somit ins Leere laufen. Mit der linken Hand wird ein Handkantenblock ausgeführt, während mit der rechten Faust die Schlüsselspitzen in den Oberschenkel des Angreifers geschlagen werden.

Weiß holt zu einem Hammerschlag mit den Schlüsselspitzen aus.

Die Schlüssel treffen das Gesicht des Angreifers. Bei Bedarf kann dies als Serie wiederholt werden.

5.   Ausführungen zur Notwehr und Nothilfe

In gebotener Kürze und ohne rechtswissenschaftlichen Anspruch soll hier auf die rechtliche Grundlage jeder Selbstverteidigungshandlung mit Hilfe der in diesem Buch gezeigten Techniken eingegangen werden.

Jeder Mensch hat ein durch die Verfassung garantiertes Recht auf körperliche Unversehrtheit. Daraus folgt wiederum, dass jedermann sich (= Notwehr) oder einen anderen (= Nothilfe) gegen einen rechtswidrigen Angriff verteidigen darf. Diese Rechte sind in den Paragraphen 32 Strafgesetzbuch (StGB), 227 Bürgerliches Gesetzbuch (BGB) und 15 Ordnungswidrigkeitengesetz (OWiG) niedergelegt.

Die grundsätzliche Aussage in allen diesen Paragraphen ist, dass eine durch Notwehr gebotene Handlung nicht rechtswidrig ist. Wer sich verteidigt, macht sich also nicht strafbar.
Notwehr ist dabei diejenige Verteidigungshandlung, welche erforderlich ist, um einen gegenwärtigen, rechtswidrigen Angriff von sich oder einem anderen abzuwehren.

Es muss ein Angriff in Form eines menschlichen Verhaltens vorliegen, durch das eine Verletzung rechtlich geschützter Güter oder Interessen droht. Der Angriff muss gegenwärtig sein, das bedeutet, er muss unmittelbar bevorstehen, begonnen haben oder noch andauern. Rechtswidrigkeit ist gegeben, wenn der Angriff gegen gesetzliche Vorschriften verstößt und für den

Angreifer keine Rechtfertigungsgründe (z.B. seinerseits Notwehr = Rechtfertigungsgrund) vorliegen.

Die Verteidigungshandlung, also die Abwehr des Angriffs, muss erforderlich sein. Sie ist erforderlich, wenn sie geeignet ist, den Angriff sofort und nachhaltig unter Anwendung des relativ mildesten verfügbaren Gegenmittels abzuwehren. Dabei gibt es keine Güterabwägung zwischen dem angegriffenen und dem durch die Verteidigungshandlung beeinträchtigten Rechtsgut. Es besteht für den Verteidiger keine Pflicht zum Ausweichen, denn das Recht braucht dem Unrecht nicht zu weichen.

Als vertiefende Literatur zu diesem komplexen Thema kann ich folgende Empfehlungen geben:

- Rolf Schmidt: Strafrecht Allgemeiner Teil, Verlag Dr. Rolf Schmidt GmbH, Grasberg bei Bremen, 8. Auflage 2009, Seite 119 ff. ;
- Urs Kindhäuser: Nomos Kommentar Strafgesetzbuch, Nomos Verlagsgesellschaft, Baden-Baden, 4. Auflage 2010, Seite 283 ff.;
- Hans Brox, Wolf-Dietrich Walker: Allgemeiner Teil des BGB, Carl Heymanns Verlag, Köln, 33. Auflage 2009, Seite 291 ff.;
- Reiner Schulze u.a.: Nomos Kommentar Bürgerliches Gesetzbuch, Nomos Verlagsgesellschaft, Baden-Baden, 6. Auflage 2009, Seite 204 ff..

6.   Buchempfehlungen

"Optimal statt maximal trainieren!"
Krafttraining mit der ILB-Methode
von
Stefan Wahle

ISBN 978-3-7357-9290-7

zu beziehen über den Buchhandel oder **www.amazon.de**

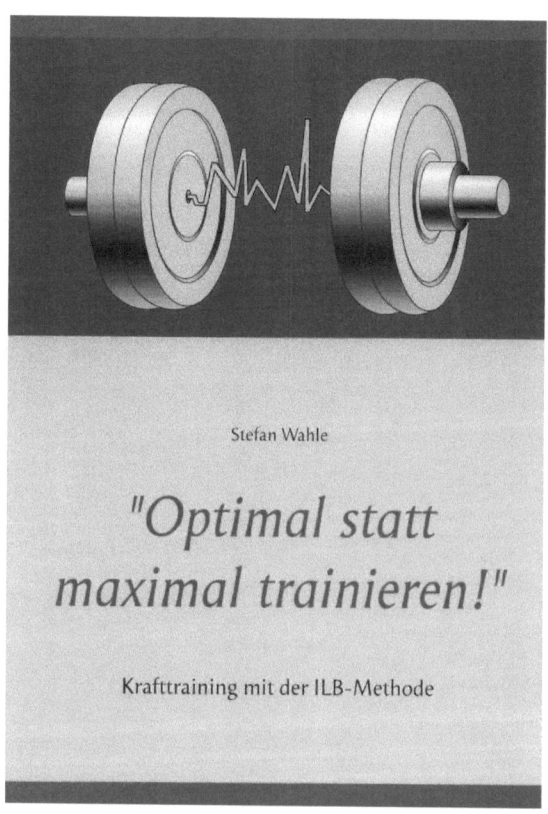

Dieses Buch gibt Antworten auf viele Fragen, wie z.B.:
- wie erkenne ich ein gutes Fitness-Studio,
- wie erkenne ich einen guten Trainer,
- warum ist die Diagnose so wichtig und was beinhaltet
  sie,
- wie formuliere ich meine Ziele,
- was ist die ILB-Methode,
- wie erfolgt die Trainingsplanung,
- wie wird ein Training optimal durchgeführt,
- wie wird der Trainingserfolg gemessen und vieles
  mehr...

Paperback, 56 Seiten, mit Trainingsplantabellen zur ILB-Methode

Verlag BoD Norderstedt

Preis: EUR 6,99

erhältlich über den Buchhandel unter Angabe der ISBN

„Ju-Jutsu Frauenselbstverteidigung"
Mit nur 11 Techniken rundum geschützt

von
Stefan Wahle

ISBN 978-3-8391-6805-9

zu beziehen über den Buchhandel oder **www.amazon.de**

In diesem Buch finden Sie effektive Techniken speziell für Frauen, die in einer Notwehrsituation ihre Gesundheit oder ihr Leben beschützen möchten. Ganz bewusst wurde auf unrealistische Show-Techniken sowie auf für die Polizei sinnvolle Festhalte- und Abführtechniken verzichtet. Lernen Sie mit diesem Buch, sich mit nur 11 Techniken effektiv zu verteidigen. Grundsätzlich sollten die Selbstverteidigungstechniken so einfach wie möglich sein. Was kompliziert ist, wird im Ernstfall unter Stress und Gegenwehr des Angreifers eh nicht funktionieren.

Warum gerade dieses Buch? Es gibt unzählige Angebote von Frauenselbstverteidigungs-Büchern, -Kursen und -Systemen. Allerdings wurde bei der Entwicklung der meisten Systeme etwas Entscheidendes vernachlässigt: Die körperlichen Gegebenheiten von Frauen, die häufig aufgrund von körperlicher Unterlegenheit viele der dort angedachten Techniken entweder gar nicht ausführen können oder nur mit einem großen Risiko, dass sie selbst dabei zu Schaden kommen.

Viele Selbstverteidigungsstrategien basieren häufig auf Kampfsport- oder Kampfkunsttechniken. Nur muss Selbstverteidigung einfach strukturiert und in kürzester Zeit für jeden unabhängig von körperlichen Gegebenheiten erlern- und umsetzbar sein. Für Kampfsport und Kampfkunst werden Jahre des intensiven Trainings benötigt, um diese nach und nach besser beherrschen zu können.

Lernen Sie in kürzester Zeit mit nur 11 Techniken, wie Sie sich im Ernstfall Ihrer Haut wehren und durch gezielte

Vermeidungs- und Verteidigungsstrategien gut vorbereitet in Krisensituationen reagieren können.

Paperback, 120 Seiten, über 100 Fotos

Verlag BoD Norderstedt

Preis: 10,99 EUR

137

Frankfurter Buchmesse 2010

Stefan Wahle und seine Bücher auf dem Verlagsstand
von BoD aus Norderstedt auf der Frankfurter Buchmesse
2010

www.sw-sportbuch.de

7.   Über den Autor

Trainerqualifikationen und Graduierungen
- Entspannungstrainer, Note 1
- Trainer für Sportrehabilitation, Note 1
- Fitnesstrainer B-Lizenz, Note 1
- Lehrer für Qigong (TQN, DDQT + div. gesetzl. KK)
- Krav Maga Instructor verschiedener Verbände
- Lehrbefähigungsnachweis Ju-Jutsu, 1990
- Prüferlizenz Ju-Jutsu von verschiedenen Verbänden,
  erstmals 1992
- 6. Dan Ju-Jutsu
- Lehrer für Ju-Jutsu

Wettkampferfolge
- 1. Platz Hamburger Meisterschaft Ju-Jutsu-
  Formenwettkampf 1992
- 3. Platz Hamburger Meisterschaft Ju-Jutsu Kampf 1995
- 3. Platz Hamburger Meisterschaft Ju-Jutsu Kampf 1994
- 4. Platz Internationale Deutsche Meisterschaften
  moderne Kata 1997 in Lauenburg
- 4. Platz Deutsche Meisterschaft Ju-Jutsu-
  Formenwettkampf 1992
- 5. Platz Hamburger Meisterschaft Ju-Jutsu Kampf 1996
- 1. Platz „zweiter happy run" 5 Km Nordic-Walking
  in Wahlstedt 2010
- 3. Platz German Taijiquan Open 2012 in Hannover
- 4. Platz Wu Wei Cup 2012 in Hamburg
- 1. Platz Sparkassen-Ostseelauf Timmendorfer Strand
  Nordic-Walking 5 Km 2013
- 1. Platz Stadtwerkelauf Tornesch 5 Km Walking 2013

Veröffentlichungen
- diverse Sammelbände 2014
- Kurskonzept Frauenselbstverteidigung 2014
- Rückenqigong 2014
- Der fliegende Kranich - Qigong in 5 Bänden 2013
- Buch „Die 6 heilenden Laute" 2013
- Buch „Das muskel- und sehnenstärkende Qigong" 2012
- Buch „Sawah Kung Fu Grundtechniken" 2012
- Buch „Shaolin Qin Na Sawah Kuen" 2012
- Buch „Taijiquan für Einsteiger..." 2012
- Buch „Krav Maga - Grundtechniken..." 2012
- Buch „Das Spiel der 5 Tiere" 2011
- Buch „Konzept zur Durchführung eines
  Entspannungskurses..." 2011
- Buch „Die 24er Pekingform Taijiquan" 2011
- Buch „Die 8 Brokate by Stefan Wahle" 2010
- Buch „Ju-Jutsu Frauenselbstverteidigung" 2010
- Buch „Optimiertes Krafttraining mit der ILB-Methode"
  2009
- Buch „Ju-Jutsu Straßenkampftechniken" überarbeitete
  Neuauflage 2009
- Artikel „Optimiertes Krafttraining mit der ILB-Methode" in
  der Zeitschrift „shape up Trainer's only", Heft Nr. 5
  2009
- Buchveröffentlichung „Realistische
  Frauenselbstverteidigung" 1994/95
- Buchveröffentlichung „Ju-Jutsu Straßenkampftechniken"
  1993

Auszeichnungen
- Budoka Award der Martial Arts Association 2013
- Ehrenkreuz der Martial Arts Association (MAA) 2012
- Hall of Fame + Dragon Medal der MAA 2011
- Verleihung der Ehrenmedaille durch den American
  Ju-Jutsu Landesverband Hamburg e.V. für den Aufbau
  der Akademie für Frauenselbstverteidigung 1997

Besondere Lehrgänge
- Lehrgang bei Dan Inosanto in Speyer 1996

Tätigkeiten
seit 2008   Fernstudium Fitness
                          an der BSA Akademie
                          anerkannt durch den DSSV
seit 2001   freiberuflicher Trainer
1993 bis 2001   Landestrainer beim American
                          Ju-Jutsu Landesverband
                          Hamburg e.V.

Mitglied in den Verbänden (Stand 07-2015)
- Taijiquan & Qigong Netzwerk Deutschland e.V.
- Chinesisch-Deutscher Kampfkunstverein e.V.
- Martial Arts Association - International
- Deutsche Budo Organisation e.V.
- Deutsche Kampfkunst Föderation e.V.
- Sawah® Qigong und Taijiquan Gesellschaft
- American Ju-Jutsu Landesverband Hamburg von 1993
- Krav Maga Sawah Organisation Deutschland
- World Krav Maga Association
- Deutsches Dan-Kollegium e.V. - DDK
- F.T.U. Freie Taekwondo Union

Man kann mich als Personal Trainer für folgende Bereiche buchen:

- Muskelaufbautraining mit Geräten,
- Cardio-Training,
- Boxtraining,
- Nordic-Walking,
- Selbstverteidigung,
- Qigong, Taijiquan,
- gemeinsame Entwicklung von Trainingsplänen mit erreichbaren Zielen.

<u>Kontakt:</u>

Stefan Wahle

E-Mail: info@sw-sportbuch.de

Internet: www.sw-sportbuch.de

Fan-Page von Stefan Wahle bei Facebook.com:
http://www.facebook.com/Stefan.Wahle.Autor

Sport Awards der Martial Arts Association 2011

Aufnahme in die Hall of Fame und
Verleihung der Dragon Medal

Stefan Wahle, 6. Dan Ju-Jutsu

www.sw-sportbuch.de